Vom
ORIENT EXPRESS
zum
NOSTALGIE ISTANBUL ORIENT EXPRESS

Am 4. Oktober 1883 dampft der erste ORIENT EXPRESS aus dem Pariser Bahnhof "Gare de l'Est" mit Ziel Konstantinopel (heutiges Istanbul). Bereits um die Jahrhundertwende ranken sich eine Vielzahl von Legenden um diesen "Palast auf Schienen".

Nach fast einem Jahrhundert nimmt der König der Züge, der Star aus Film und Literatur, die Original-Strecke nach Istanbul das letzte Mal unter die Räder.

Seit 1976 rollt der Luxus-Zug unter dem prestigeträchtigen und vielsagenden Namen NOSTALGIE ISTANBUL ORIENT EXPRESS, kurz "NIOE", wieder über Europas Geleise.

Einige Höhepunkte seiner jüngsten Geschichte:

1976	Erste Reise nach Istanbul; Übertragung durch die grössten europäischen Fernsehanstalten.
1983	Grosse Jubiläumsfeier in Istanbul zum 100. Jahrestag.
1985	Zum 150-jährigen Jubiläum der Deutschen Bundesbahn wird der NIOE zum offiziellen Zug erkoren.
1987	Erstmaliges Angebot von Nostalgie-Reisen kombiniert mit DC-3 Flügen der Classic Air.
1988	Das amerikanische NBC TV überträgt seine "Today-Show" live von Paris, Zürich, München, Wien und Venedig. Am 7. September startet der NIOE zur längsten Eisenbahnfahrt aller Zeiten, von Paris nach Hongkong. Diese Fahrt wird im "Guinness Book of Records" aufgenommen. Anschliessend bleibt der Zug für einige Monate in Japan.
1992	Megastar Michael Jackson mietet den Zug für seine '92 Europa Tournee. Gunter Sachs feiert seinen 60. Geburtstag auf dem NIOE, zusammen mit vielen Berühmtheiten aus dem internationalen Show Business.
1993	Das Schweizer Fernsehen DRS dokumentiert, die neu ins Angebot aufgenommene Reiseroute Moskau-Peking, täglich live.
1994	Die Firma ersteht den amerikanischen Luxus Zug "American Orient Express". Ein Waggon davon war bereits der Star in einer David-Copperfield-Show.

Gäste aus aller Welt geniessen alljährlich die absolut einmalige Atmosphäre einer Reise an Bord des legendären

NOSTALGIE ISTANBUL ORIENT EXPRESS

Vom

ORIENT EXPRESS

zum

NOSTALGIE ISTANBUL ORIENT EXPRESS

Am 4. Oktober 1883 dampft der erste ORIENT EXPRESS aus dem Pariser Bahnhof "Gare de l'Est" mit Ziel Konstantinopel (heutiges Istanbul). Bereits um die Jahrhundertwende ranken sich eine Vielzahl von Legenden um diesen "Palast auf Schienen".

Nach fast einem Jahrhundert nimmt der König der Züge, der Star aus Film und Literatur, die Original-Strecke nach Istanbul das letzte Mal unter die Räder.

Seit 1976 rollt der Luxus-Zug unter dem prestigeträchtigen und vielsagenden Namen NOSTALGIE ISTANBUL ORIENT EXPRESS, kurz "NIOE", wieder über Europas Geleise.

Einige Höhepunkte seiner jüngsten Geschichte:

1976 Erste Reise nach Istanbul; Übertragung durch die grössten europäischen Fernseh-anstalten.

1983 Grosse Jubiläumsfeier in Istanbul zum 100. Jahrestag.

1985 Zum 150-jährigen Jubiläum der Deutschen Bundesbahn wird der NIOE zum offiziellen Zug erkoren.

1987 Erstmaliges Angebot von Nostalgie-Reisen kombiniert mit DC-3 Flügen der Classic Air.

1988 Das amerikanische NBC TV überträgt seine "Today-Show" live von Paris, Zürich, München, Wien und Venedig.
Am 7. September startet der NIOE zur längsten Eisenbahnfahrt aller Zeiten, von Paris nach Hongkong. Diese Fahrt wird im "Guinness Book of Records" aufgenommen. Anschliessend bleibt der Zug für einige Monate in Japan.

1992 Megastar Michael Jackson mietet den Zug für seine '92 Europa Tournee.
Gunter Sachs feiert seinen 60. Geburtstag auf dem NIOE, zusammen mit vielen Berühmtheiten aus dem internationalen Show Business.

1993 Das Schweizer Fernsehen DRS dokumentiert, die neu ins Angebot aufgenommene Reiseroute Moskau-Peking, täglich live.

1994 Die Firma erstellt den amerikanischen Luxus Zug "American Orient Express". Ein Waggon davon war bereits der Star in einer David-Copperfield-Show.

Gäste aus aller Welt geniessen alljährlich die absolut einmalige Atmosphäre einer Reise an Bord des legendären

NOSTALGIE ISTANBUL
ORIENT EXPRESS

Orient-Express

Bin voller Erwartung
Sehne mich nach der Ferne
dem Unbekannten
Kann kaum mehr warten
von dir getragen zu werden
dich bald hierhin
bald dorthin zu begleiten
Es kann beginnen
Ich bin bereit

Cie INTERNATIONLE DES WAGONS - LITS
ET DES GRANDS EXPRESS EUROPEENS

Alles einsteigen

Alles einsteigen
Ein Pfiff – schrill
Türen schliessen
Die Kohle glüht
Schnauben
Pferdestärken im Kessel
Russwolken
Schwer wiegt das Eisen
unendlich schwer
Zischen
Eisen auf Eisen
Spannung
Ruhe
Aber langsam, langsam
Bewegung
– endlich –

50 2988

Der Zug

Stolz schiebt er sich durch die Landschaft
glänzt im Sonnenschein
überquert Brücken hier und dort
zieht vorbei an Seen und Wiesen
durch Wälder und Tunnels
Über Berge schlängelt er sich
und durch Täler
Taucht ein in ein Nebelmeer
– märchenhaft –
Erweckt Bewunderung
ja Begeisterung
überall
Menschen
ob alt
ob jung
bleiben stehen
halten inne
freuen sich
manche winken

ISTAN
BUL
ORIEN

Das Rad

Das Rad dreht sich rund
und rollt, und rollt, und rollt
Folgt den Geleisen
rastlos
neuen Destinationen entgegen
Angetrieben von Kohle und Dampf
Bergan, schwer und mühsam
In der Ebene
auf gerader Strecke
leicht und geschwind
ohne Ächzen, mit dem Wind
Auf den Bahnhöfen rangieren
hin und her
Und es dreht sich
fort und fort
auch beim Bremsen
wenn es heiss wird
die Funken sprühen
Und dreht und dreht sich
immerfort
– wie das Rad der Zeit –

Fahre – fahre

Fahre alter Zug, fahre
Fahre der Zeit entgegen
bald schneller
bald langsamer
Halte mal da
mal dort
sei gleich hier
schon fort
Sei Gegenwart
sei Vergangenheit
fahre von Ort zu Ort
Sei rastlos unterwegs
Bleib deiner Bestimmung treu
und fahre, fahre
auf zu neuen Zielen

Ein Griff

Ein Griff
wie tausend Griffe zuvor
Das Metall erzählt Geschichten
tausende Geschichten
niemals niedergeschrieben
nur noch Spuren
Spuren, die die Zeit im Messing hinterlassen hat
kleine Kerben
Furchen

Grosse starke Hände
warme Kinderhände
Hände von Damen
unzählige Hände griffen nach dir
veränderten dich
formten dich
und verformen dich
nach wie vor

Düfte

Luft dringt durch ein kleines Fenster
nur ein Spalt weit offen ist es
Der Geruch von Rosmarin im Süden
warm und trocken
Nebel im Norden
kalt und feucht
Düfte der grossen weiten Welt
Und du riechst es
das Meer
den Lavendel
den Schnee in den Bergen
und ohne zu sehen
werden Erinnerungen wach

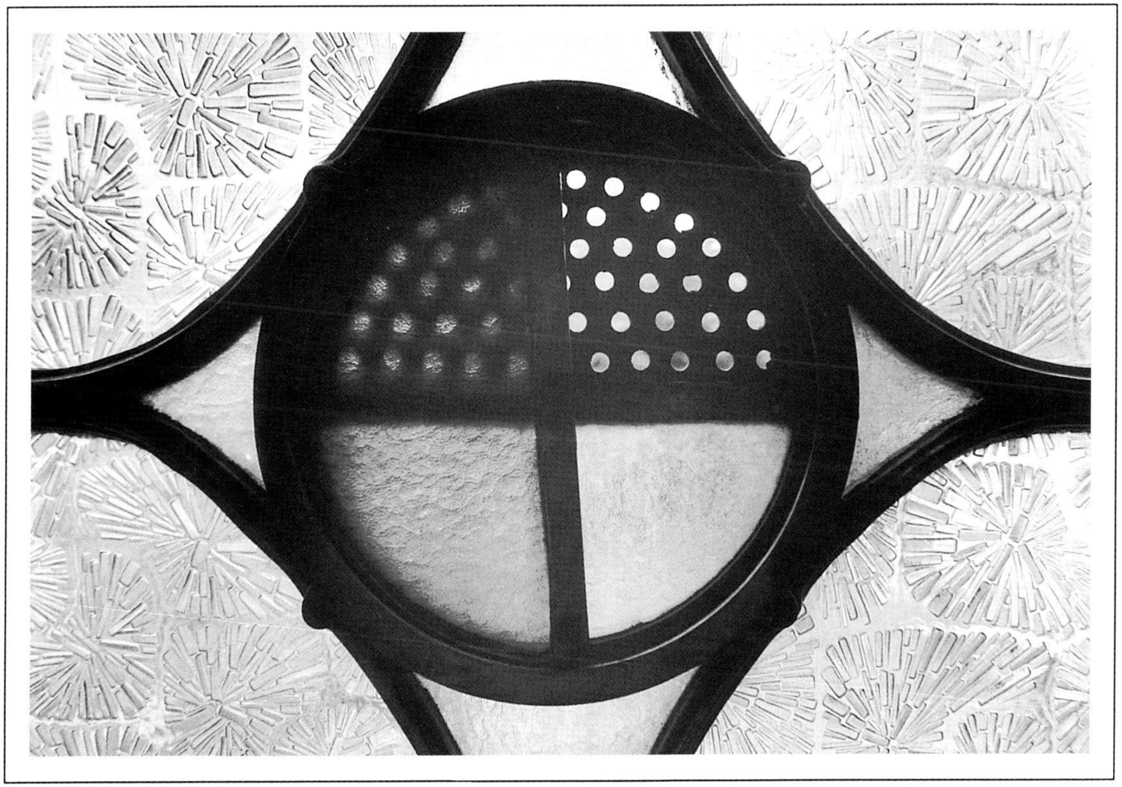

Fenster

Sitze drinnen
schaue raus
Zieh vorbei an
Dörfern
Städten
alten Städten
neuen
Neues und Altes verschwimmt
Verschwommen bald auch der Vordergrund
nur der Horizont zieht gemächlich dahin
Dann
plötzliche Schwärze
ein Tunnel
Sehe mich
drinnen
im Fenster

GRANDS

Oh, Spiegel

Erzähl uns
Erzähl uns alles
alles, was du gesehen
all die Gesichter
all die Erlebnisse
deren Zeuge du warst
Sicher auch stummer Zeuge von Geheimnissen
menschlichen Tragödien
aber auch grosser Ideen
die hier ihren Ursprung hatten
die die Welt veränderten
Bleib du nur stumm
aber lass uns erahnen
Spiegel

Eine Pause

Die Tage sind lang auf dem Orient-Express
Die Fahrten zahlreich
Der Kellner gönnt sich eine Pause
liest in seiner Zeitung
entspannt sich in seinem Office
bei einer Tasse Kaffee
Für einen Moment ist er weg vom Zug
auf Reisen mit seinen Gedanken
vielleicht zu Hause bei seiner Familie
vielleicht bei Freunden
vielleicht ist er einfach am Träumen
Wer weiss?
Gönnen wir ihm diesen Moment
seine Pause

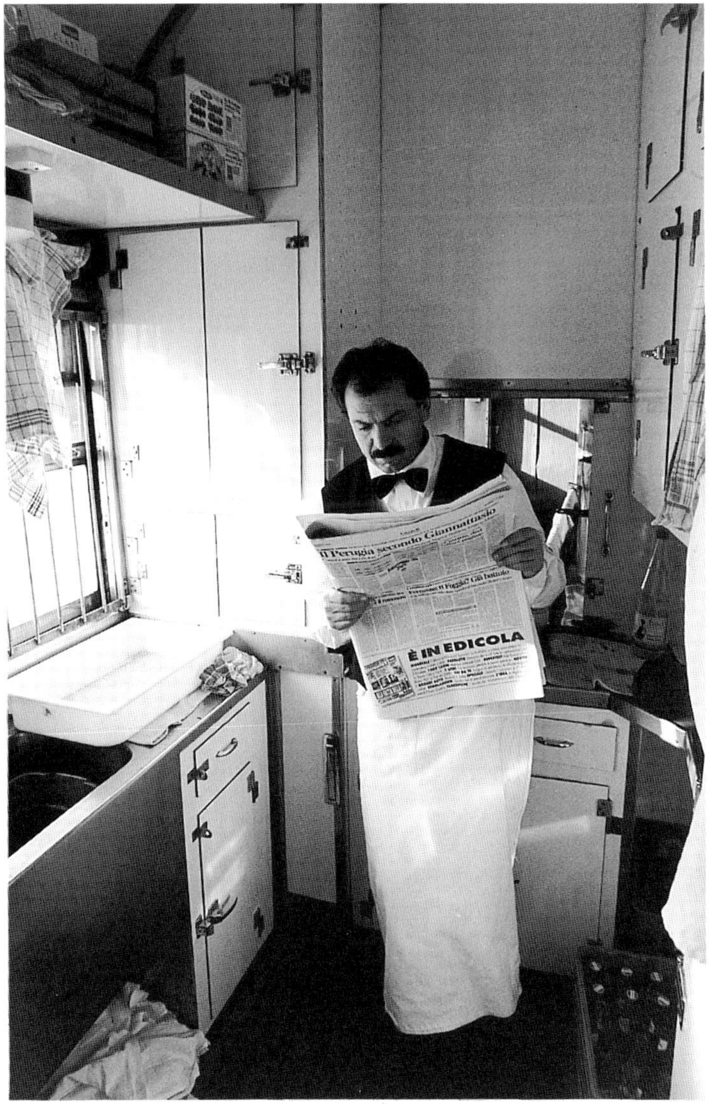
Il Perugia secondo Giannattasio
È IN EDICOLA

Sessel

Sitzen in deinen Sesseln
sind Leute von heute
Die damals reisten
wurden von der Geschichte verschluckt
Bis auf ein paar Namen
sind sie verblasst
wie deine Sessel
Doch diese wurden neu bezogen
für uns
von heute
Auch wir werden verschlungen
leben jedoch jetzt
erleben jetzt

Blickfang

Nur für einen kleinen Augenblick
sehe ich zur Decke
Erhasche ihn
halte ihn fest
Bin benommen von der Reise
vielleicht auch vom Wein
Schaue einfach hin
ohne zu erkennen
Bin zuerst zufrieden
doch dann frag ich mich
was seh ich eigentlich?
Was ist das dort?
– wie ein Kind –
Schärfe meinen Sinn
Eine Belüftungshaube, ja genau
Welch grandiose Liebe zum Detail
Und all dies
nur für einen Augenblick

Kaffee

Es ist Morgen
noch ist es kühl
Die Gäste steigen ein
der Zug rollt an
Draussen ist es noch dunkel
Die Kerzen brennen
Der Duft von Kaffee und frischem Gebäck
durchströmt den Wagen
Es wird Tag
Wir sind unterwegs gegen Süden
bald wird die Sonne heiss herunterbrennen
es wird stickig werden
und der Duft vom Kaffee verschwunden sein

Zu Tisch

Essen fünf Gänge
Fahren hundertfünfzig Kilometer
Überfahren Grenzen
Grenzüberschreitendes Menü
Internationale Speisen
auf nationalen Bahnlinien
Trinken lokale Weine
sind ein gemischtes Publikum

Spannung

Die Tische sind gedeckt
Die Gäste warten gespannt
ein jeder auf seinem Platz
Die Oberkellner sprechen sich ab
vergleichen den Zeitplan
denn synchron soll der Service ablaufen
vom ersten Wagen
bis zum letzten
Die Kellner sind auf ihren Stationen
die Getränke ausgeschenkt
die Speisen bereit
Es kann losgehen

Herd

Herd, alter Freund
Dein Herz ist das Feuer
Es brennt die Kohle heiss
und heiss ist's
Hier entstehen Gerichte
im Ofen ein Braten
auf dir Suppen und Saucen
– Gaumenträume –
Es zischt und kocht
dampft und brodelt
Düfte steigen auf
verteilen sich auf den Wagen
steigen in Nasen
und die Erwartung wächst
Bald gibt's was zu essen
Herd – du bist ein Freund

Ein Glas

Die Bar
menschenleer
Die Pianomusik
verstummt
Nur noch das Rattern der Räder
und kalter Tabakgeruch
Ein Glas
allein stehengelassen
auf der Theke
umgeben von Mahagoni
und Plüsch
Vergessen schon
der Champagner der letzten Nacht
die Leute, die sich begegneten
das Kerzenlicht

Abschied

Es ist Herbst geworden
die Reisezeit zu Ende
die letzten Gäste ausgestiegen
In den Wagen ist es still
nur die Vorhänge wiegen hin und her
Noch einmal fährt der Zug
seinem Heimatbahnhof entgegen
Hüpft auf den Schienen
als freue auch er sich auf den Winter
die Pause
Bei dir waren wir zu Hause
ob für einen Tag nur
oder ein paar Stunden
Wie schön, dass es dich gibt
Auf ein ander Mal

Bild: Philipp Alder

Stefan Ziegler

wurde am linken Ufer des Zürichsees geboren. Schon im Schulalter zog es ihn zum Fotografieren hin, vorwiegend entstanden schwarz-weiss Aufnahmen. Dank seiner abenteuerlichen Natur ist 1988 sein erster Photoprosa-Band «Ein spanischer Traum» erschienen.

... und Stefan Ziegler heute: immer mitten im Geschehen. Seine lebhaften Erinnerungen, sowie die Neugier Menschen, Natur und Detail gegenüber, haben ihm geholfen nun das vorliegende Buch zu verwirklichen.

Stefan's Fotografien und poetischen Worte ziehen sich durch «Poesie auf Rädern», wie ein Fluss der Gefühle. Seine Kunst ist es, das Bedeutsamste in einem einzigen Bild zu verdichten.

Stefan Ziegler lebt an der Westküste Irlands und in der Schweiz.

Hubert Vilimek

ISBN 3-9521151-0-X

Printed in Switzerland

Stefan Ziegler

Bild: Philipp Alder

wurde am linken Ufer des Zürichsees geboren. Schon im Schulalter zog es ihn zum Fotografieren hin, vorwiegend entstanden schwarz-weiss Aufnahmen. Dank seiner abenteuerlichen Natur ist 1988 sein erster Photoprosa-Band «Ein spanischer Traum» erschienen.

... und Stefan Ziegler heute: immer mitten im Geschehen. Seine lebhaften Erinnerungen, sowie die Neugier Menschen, Natur und Detail gegenüber, haben ihm geholfen nun das vorliegende Buch zu verwirklichen.

Stefan's Fotografien und poetischen Worte ziehen sich durch «Poesie auf Rädern», wie ein Fluss der Gefühle. Seine Kunst ist es, das Bedeutsamste in einem einzigen Bild zu verdichten.

Stefan Ziegler lebt an der Westküste Irlands und in der Schweiz.

Hubert Vilimek

ISBN 3-9521151-0-X

Printed in Switzerland